D1716453

Los animales nos cuentan su vida

Animales de las montañas

Dodge City Public Library
1001 N. Second Ave., Dodge City, KS

Élisabeth de Lambilly-Bresson

Gareth Stevens
Publishing

El oso pardo

Soy un oso pardo.
En invierno, me entra mucho sueño
y busco una madriguera.
El resto del año,
como sin parar.
La miel es mi golosina favorita.

La gamuza

Soy una gamuza.
Salto de roca en roca
como una acróbata
de las montañas.
Cuando juego, corro y brinco
con soltura.
Después, trepo muy alto
donde nadie ve
mis pequeños cuernos
ni mi cara rayada.

La marmota

Soy una marmota.
Como soy pequeña,
¡tengo que tener mucho cuidado!
Cuando aparece un enemigo,
lanzo un silbido de aviso
a mis amigos.
Entonces, todos corremos
a escondernos.

El águila

Soy un águila.
Floto y planeo
en los cielos,
observando con mis ojos de águila.
Cuando llega el momento,
me lanzo en picado
para agarrar a mi presa
antes de que tenga oportunidad
de salir corriendo.

El armiño

Soy un armiño.
Mi pelaje es pardo,
pero en invierno
se vuelve blanco.
Parezco una comadreja,
trepo como una ardilla
y nunca evito una pelea.

El íbice

Soy un íbice.
Mis pezuñas firmes
hacen que sea el rey
de los escaladores.
Mis cuernos largos y estriados
me ayudan a luchar.
¡También son buenos
para rascarse la espalda!

El lobo

Soy un lobo.
Soy un gran cazador
con un sentido del olfato superior.
Puedo perseguir a mi cena
hasta atraparla
porque mis poderosas patas
están hechas para correr.

Please visit our Web site at: www.garethstevens.com
For a free color catalog describing Gareth Stevens Publishing's
list of high-quality books, call 1-800-542-2595 (USA) or
1-800-387-3178 (Canada).

Library of Congress Cataloging-in-Publication Data

Lambilly-Bresson, Elisabeth de.
    [Animals of the Mountains. Spanish]
    Animales de las montañas / Elisabeth de Lambilly-Bresson. — North American ed.
       p. cm. — (Los animales nos cuentan su vida)
    ISBN: 978-0-8368-8211-7 (lib. bdg.)
    1. Mountain animals--Juvenile literature. I. Title.
    QL113.L3418   2007
    591.75'3—dc22   2007005452

This North American edition first published in 2008 by
Gareth Stevens Publishing
A Weekly Reader® Company
1 Reader's Digest Road
Pleasantville, NY 10570-7000 USA

Translation: Gini Holland
Gareth Stevens editor: Gini Holland
Gareth Stevens art direction and design: Tammy West
Spanish translation: Tatiana Acosta and Guillermo Gutiérrez

This edition copyright © 2008 by Gareth Stevens, Inc. Original edition copyright
© 2001 by Mango Jeunesse Press. First published as *Les animinis: Á la montagne*
by Mango Jeunesse Press.

Printed in the United States of America

1 2 3 4 5 6 7 8 9 11 10 09 08 07